AF383886

SUR LES TOMBES

DE

L'ANCIEN EMPIRE

QUE L'ON TROUVE A SAQQARAH

PAR

AUGUSTE MARIETTE

Extrait de la REVUE ARCHÉOLGIQUE

PARIS

AUX BUREAUX DE LA *REVUE ARCHÉOLOGIQUE*
LIBRAIRIE ACADÉMIQUE — DIDIER & Cᵉ
Quai des Augustins, 35

1868

TOMBES DE L'ANCIEN EMPIRE

QUE L'ON TROUVE A SAQQARAH

Extrait de la *REVUE ARCHÉOLOGIQUE*

L'histoire d'Égypte a plus d'un trait saillant qui donne à sa physionomie un caractère tout à fait à part. Au nombre de ces traits saillants on remarquera, peut-être le premier de tous, ce phénomène unique qu'offre un groupe de monuments répartis sur le sol égyptien, du Delta à la cataracte. Ces monuments sont des tombeaux. Ce qui les rend dignes d'attention, ce n'est pas seulement leur nombre, leur conservation, leur grandeur, la perfection de leur travail; c'est l'âge auquel ils remontent. Les classer avec certitude dans un des siècles qui ont précédé notre ère est jusqu'à présent impossible. Tout ce qu'on peut dire, c'est qu'ils sont les plus anciens monuments historiques du monde. A l'époque où ils furent construits, d'autres parties de la terre étaient sans aucun doute déjà sorties de la période d'incubation qu'on appelle l'âge de la pierre; mais cette civilisation a disparu sans même laisser une trace. Au contraire, elle couvre encore aujourd'hui de vestiges grandioses les bords du Nil. C'est là qu'est l'intérêt principal des monuments dont nous allons nous occuper. Ce qu'était le monde quand ils furent érigés, nous l'ignorons; mais par eux nous savons ce qu'était l'Égypte. L'Ancien-Empire, qui s'étend de la Ire à la XIe dynastie, est la limite dans laquelle ils sont enfermés.

On pense bien que l'étude sur place de ces monuments a été un des premiers *desiderata* inscrits au programme de nos fouilles, à l'époque où elles furent organisées. Il y a dix ans, les monuments de l'Ancien-Empire avaient encore, en effet, outre leur intérêt propre, toute la saveur de la nouveauté. Champollion et son école y avaient à peine regardé. Forcée de se répandre un peu partout, la commission prussienne n'avait pas, nécessairement, épuisé la matière. Jusqu'à un certain point le sujet était donc neuf ou peu exploré, et nous devions d'autant moins le négliger que c'était là véritablement qu'il y avait un service à rendre à la science et une lacune à combler.

En son temps, je ferai connaître les résultats que cette exploration a produits. Pour aujourd'hui, je me bornerai à un seul point.

Il n'y a pas de lieu où les tombes de l'Ancien-Empire soient plus nombreuses et plus intéressantes qu'à Saqqarah. Le travail que nous y avons entrepris est difficile et de très-longue haleine. Mais, bien qu'il ne soit pas fini, nous possédons assez de matériaux pour que l'inventaire de ceux qui sont déjà entre nos mains puisse dès à présent offrir de l'intérêt. C'est le résumé de cet inventaire que je mets aujourd'hui sous les yeux des lecteurs de la *Revue*. Je veux étudier l'ensemble d'une des vieilles tombes de Saqqarah ; pénétrant dans l'intérieur, je veux en montrer la disposition et l'esprit.

I

A l'exception du plateau situé au sud de la pyramide à degrés et de quelques plis de terrain qu'on trouve çà et là, l'Ancien-Empire a répandu ses tombes sur toute la surface de la nécropole de Saqqarah. Si d'autres époques sont venues ensuite, elles ont profité des vides laissés entre les anciennes tombes ; elles ont démoli celles-ci, usurpé celles-là ; moins grandes d'ailleurs, moins importantes que les tombes de l'Ancien-Empire, elles apparaissent dans la nécropole comme au second plan et révèlent, par leur pauvreté relative, leur qualité d'usurpatrices. Saqqarah est ainsi principalement une nécropole de l'Ancien-Empire, dans les mêmes limites que le Moyen et le Nouvel-Empire ont principalement leurs nécropoles, l'une à Abydos, l'autre dans la partie occidentale de Thèbes.

Les tombes de l'Ancien-Empire qu'on trouve à Saqqarah appartiennent à deux types.

Le premier est le type vulgaire. Les morts sont enterrés dans le sable, à un mètre de la surface. Les corps sont nus et à l'état de squelettes. Les os sont blancs, très-légèrement jaunâtres. Il n'y a aucune trace de linges, ni de cercueils en bois. Il semble que le sable seul ait été chargé du dessèchement du cadavre. Quelquefois on trouve les quatre murs d'une tombe rectangulaire. Ces murs sont grossièrement bâtis en briques jaunes, faites avec du sable mélangé de limon et de cailloux. Un crépissage de terre noire et de paille hachée les enjolive à l'intérieur. Le plafond est aussi fait de briques et en voûte, le plus souvent ogivale. Nous avons trouvé à Abydos des voûtes en briques, probablement de la XIIIe dynastie, où les briques sont taillées en voussoir, ce qui constitue à proprement parler la voûte. Ici, rien de semblable. Quand la courbe du plafond amène un vide entre l'extrémité de deux briques, ce vide est tout simplement bouché avec un caillou ou un éclat de poterie. Très-souvent, plusieurs tombes du premier type sont côte à côte et forment un petit ensemble. Les crânes de l'Ancien-Empire qui ont figuré à l'Exposition de Paris et qui sont maintenant déposés dans les collections du Muséum d'histoire naturelle, ont été extraits de ces tombes. Ils proviennent par conséquent d'individus des basses classes. Du reste, on n'y trouve rien, en fait d'objets de musée, que des vases d'une poterie grossière. Une fois, à côté d'un de ces cadavres, a été recueilli un miroir de bronze à manche en bois taillé en forme de Bès.

Les tombes plus soignées, plus riches, appartiennent uniformément au type du *mastaba*. Ce sujet mérite de nous arrêter. J'en résumerai ici les points principaux.

a) — Le mastaba est une construction massive et lourde, dont le plan est un rectangle, et dont les quatre faces sont quatre murs à peu près nus, symétriquement inclinés vers leur centre commun. Notre vignette fera comprendre, mieux que toute description, la forme extérieure du mastaba (*voy.* planche II, fig. 1).

b) — Ainsi qu'on le voit par cette vignette, les faces du mastaba ne sont pas lisses. Chaque assise, formée de blocs posés verticalement, est en retraite sur l'autre, ce qui donnerait au monument l'apparence extérieure de gradins, si la retraite des assises était plus profonde.

c) — L'idée qu'on se fait en général de l'architecture égyptienne porterait à croire que les mastaba sont construits avec des blocs énormes. C'est en effet avec des blocs énormes qu'ont été élevés certains monuments d'une importance exceptionnelle comme le Mastabat-el-Faraoun, le temple du Sphinx, les couloirs et les chambres des grandes pyramides. A Saqqarah, les architectes des mastaba ont été plus modestes. A part les cas où l'on ne pouvait pas faire autrement, comme, par exemple, pour les plafonds et certaines architraves, on n'y trouve que des blocs ordinaires d'une hauteur moyenne

de 50 centimètres, avec une largeur et une profondeur proportion-
nées.

d) — Il y a des mastaba de toutes les dimensions. Le mastaba de
Sabu a 53 mètres sur 26, le mastaba de *Ha-ar* 46 mètres sur 23, le
mastaba de *Ra-en-ma* 52 sur 25. Mais il en est, comme le mastaba de
Hapi, qui ne demandent à la nécropole qu'une surface de 8 m. 10
sur 5,90. Quant aux hauteurs, elles varient moins. En général, les
plus grands mastaba n'ont pas plus de 8 à 9 mètres de hauteur, les
plus petits atteignent à peine 4 mètres.

e) — Tout le monde sait que la nécropole de Saqqarah est située
dans le désert. Pour en avoir une juste idée, il faut se la représenter
comme un plateau dont le sol est un rocher calcaire recouvert de
sable sur une épaisseur qui varie, mais qui n'est jamais considérable. C'est dans ce sable que les mastaba sont plongés plus ou moins
profondément, puisque leurs fondations sont toujours posées sur le
roc. Nous insistons sur cette particularité, parce qu'il faut la connaître pour comprendre certaine disposition intérieure des mastaba
sur laquelle nous reviendrons.

f) — Le plan du mastaba, avons-nous dit, est un rectangle. Le
grand axe du rectangle est, sans exception, dans la direction nord-
sud. Aussi, aux pyramides de Gyzeh, la nécropole de l'Ouest, où les
mastaba sont rangés selon un plan symétrique, ressemble-t-elle à un
échiquier dont les cases seraient uniformément allongées vers le
nord.

g) — Le mastaba est, ou doit être, orienté astronomiquement selon
le nord vrai. Cette loi ressort évidente de l'étude des mastaba si
nombreux qui couvrent non-seulement le plateau de Saqqarah, mais
les plateaux d'Abousyr et de Gyzeh. Les plus soignés ont uniformément cette direction ; les autres y tendent tous, et si un écart de quelques degrés se fait remarquer, on voit clairement qu'il faut l'attri-
buer, non à la permission qu'auraient eue les constructeurs de donner
à leurs mastaba une direction quelconque, mais à leur négligence.
Sauf dans des cas exceptionnels, les constructeurs égyptiens sont
loin en effet d'avoir montré cette précision dont on leur fait si souvent honneur. Il faut avoir mesuré le mètre en main les temples et
les tombeaux égyptiens pour savoir combien de fois les deux murs
opposés d'une même chambre ne sont pas d'égale longueur. Même
insouciance dans nos mastaba. Trop souvent la face du nord n'est
pas strictement parallèle à la face du sud, ni la face de l'est strictement parallèle à la face de l'ouest. Un côté du mastaba peut ainsi
être orienté astronomiquement, et l'autre s'écarter vers l'est ou

l'ouest du nord vrai. La règle est donc, sans aucun doute, d'orienter les mastaba ; mais il est exact de dire que, par négligence, les constructeurs l'ont bien souvent plus ou moins violée. Dans les cimetières musulmans, il est de fondation que les tombes doivent être tournées vers la Mecque ; combien d'entre elles s'en éloignent plus encore que nos mastaba ne s'éloignent du nord vrai?

h) — L'inclinaison de leurs faces a fait dire quelquefois que les mastaba ne sont que des pyramides inachevées. Cette assertion doit être combattue. Les faces des mastaba sont si légèrement inclinées en dedans de la verticale que si leurs arêtes devaient être prolongées jusqu'à leur rencontre pour former la pointe de la pyramide supposée, elles se rejoindraient le plus souvent à sept ou huit cents mètres de hauteur. Notons en outre que, quand le plan d'une pyramide est un rectangle, le grand axe de la pyramide est parallèle à la ligne sud-ouest, tandis que dans les mastaba le grand axe, comme nous venons de le voir, est sans exception parallèle à la ligne nord-sud. On comparerait bien plus justement les mastaba à une section opérée horizontalement dans le corps d'un obélisque, si les obélisques avaient, comme les mastaba, un rectangle pour base. En somme, par ces détails et par ceux qui vont suivre, on voit que le mastaba est un monument *sui generis*, qui n'a de commun avec la pyramide que son orientation vers le nord, et encore cette orientation est-elle le résultat, non d'une imitation méditée de la pyramide, mais d'une intention religieuse qui paraît avoir présidé, à cette époque, à la construction de toutes les tombes, quelle qu'ait été leur architecture extérieure.

i) — Les mastaba qu'on trouve sur le plateau de Saqqarah sont construits en pierre ou en briques.

Les mastaba construits en pierre sont de deux sortes : ceux qui sont construits en blocs de calcaire siliceux, pierre très-dure d'un ton bleuâtre assez triste ; ceux qui sont construits en blocs de calcaire marneux, pierre jaune relativement plus tendre, prise sur les lieux mêmes. Les mastaba en calcaire siliceux sont les plus importants, et, à certains égards, les plus modernes. Les mastaba en calcaire marneux n'ont pas la richesse des autres. La pierre employée est celle dont on s'est servi pour la pyramide à degrés. Comme elle, ils semblent dominer la nécropole par leur plus grande antiquité.

Les mastaba en briques sont également de deux sortes. Les plus négligés sont en briques jaunâtres, les plus soignés en briques noires. Les briques jaunâtres sont faites de sable mélangé de cailloux et d'un peu de limon ; les briques noires sont faites de terre pure et de paille.

Les premières sont toujours assez petites ($0,22 \times 0,11 \times 0,07$); les secondes sont plus massives ($0,38 \times 0,18 \times 0,14$). Les unes et les autres ne sont que séchées au soleil. Sur la question de l'antiquité relative des mastaba construits en briques jaunâtres et des mastaba construits en briques noires, je dirai que les briques jaunâtres me paraissent avoir été le plus anciennement employées et que leur usage, propre à l'Ancien-Empire, commence et finit avec lui. Les briques noires, au contraire, n'apparaissent guère qu'avec la seconde moitié de la IVe dynastie. On les emploie en quelque sorte exceptionnellement; mais plus tard, sous la XVIIIe dynastie et les suivantes, sous les Saïtes et jusque sous les Grecs, elles seront les seules dont on se servira.

j) — Malgré leur masse, malgré l'intention manifeste qui se traduit pour ainsi dire en dehors d'eux d'être construits avant tout pour la durée, les mastaba accusent une négligence dont on a lieu d'être étonné. Ils ne sont en effet soignés qu'à l'extérieur. Quant au noyau, il se compose de sable, de gravats, de moellons, d'éclats de pierre jetés et entassés au hasard, le plus souvent sans ciment d'aucune sorte. Le mastaba de Saqqarah n'est pas une construction homogène, faite partout de blocs équarris et de mortier, comme les pyramides en général et en particulier les mastaba de Gyzeh. Le mastaba de Saqqarah est un noyau qui s'éparpillerait et s'affaisserait sur lui-même s'il n'était retenu et comme serré par son revêtement de pierres solides.

k) — Bien que tous orientés, les mastaba de Saqqarah ne sont pas rangés avec la symétrie des mastaba situés à l'ouest et au sud de la grande pyramide de Gyzeh. Tout est ici un peu pêle-mêle. En certaines parties, les mastaba sont disséminés; plus loin, ils sont les uns sur les autres. Il en résulte qu'on chercherait en vain à Saqqarah ce plan en damier qui s'accuse au premier coup d'œil quand on parcourt le champ des grandes pyramides. A Saqqarah, la nécropole comportait certainement des rues, bordées de chaque côté de tombeaux. Mais ces rues se suivaient si irrégulièrement, elles se terminaient si fréquemment en impasse par les constructions ajoutées, elles étaient si étroites et avec si peu d'échappées de vue, qu'une fois engagé dans la nécropole, le visiteur inexpérimenté pouvait se croire dans un vrai labyrinthe.

l) — C'est la face orientale qui, dans les mastaba, est la face principale. C'est à la face est en effet que, quatre fois sur cinq, se trouve l'entrée du tombeau. Il est extrêmement rare que cette face soit absolument nue. Presque toujours, voici ce qu'on y remarque : 1° à quelques mètres de l'angle nord-est est une niche quadrangulaire, très-haute et très-étroite, au fond de laquelle la maçonnerie même du mastaba dessine les longues rainures verticales qui distinguent les stèles de cette époque ; cette niche est quelquefois remplacée par une stèle sans importance, avec ou sans inscription ; 2° à quelques mètres de l'angle sud-est se rencontre, tantôt une autre niche plus profonde, plus soignée, plus large, au fond de laquelle est une belle stèle monolithe de calcaire blanc couverte d'hiéroglyphes, tantôt une véritable petite façade architecturale au centre de laquelle est une porte (planche II, fig. 2). Quand la face orientale présente à l'angle sud-est la niche que nous venons d'indiquer, le tombeau se termine là ; il n'a pas de chambre intérieure, ou plutôt la niche en tient lieu. Quand, au lieu d'une niche, c'est la façade (fig. 2) qu'on rencontre, on a affaire à un tombeau complet, tel que nous le décrirons tout à l'heure.

Après la face est, vient, comme importance relative, la face nord. Quand l'entrée du tombeau est à la face nord, il est de règle que la façade dont nous venons de montrer le style (fig. 2) soit reculée au fond d'une sorte de vestibule, et que sur le devant du vestibule on érige deux piliers monolithes, sans abaque et sans base, soutenant l'architrave qui soutient elle-même le plafond (pl. II, fig. 3).

Plus rarement que la face nord, la face sud est réservée à l'entrée du mastaba, et encore cette exception est-elle le plus souvent motivée par des circonstances locales dont il est toujours facile de se rendre compte. Quand l'entrée du mastaba est à la face sud, le style d'architecture est tantôt celui que nous venons de voir réservé aux entrées de la face est (fig. 2), tantôt celui que nous venons de voir réservé aux entrées de la face nord (fig. 3).

Quant à la face ouest, je ne connais aucun exemple qui autorise à penser que cette face ait jamais été employée à autre chose qu'à terminer le mastaba de ce côté.

A cette description de l'extérieur d'un mastaba, j'ajouterai un dernier renseignement. Le sommet du mastaba est une plate-forme unie, sans accident d'aucune sorte. Mais le sol de la plate-forme est parsemé de vases qu'on y a enterrés à peu de profondeur. Ces vases sont assez clair-semés. Cependant on les trouve serrés au nombre d'une douzaine sur la partie du sol qui couvre le plafond des vides (chambres, couloirs, etc.) de l'intérieur du mastaba, circonstance dont nous tirons profit pour nos fouilles quand les vides échappent trop longtemps à nos recherches. Comme tous les vases de cette époque, les vases qu'on trouve sur les plate-formes sont grossiers. Ils sont pointus et sans anses. A l'ouverture, on y recueille une mince couche du limon jaunâtre, sans aucun doute laissée en dépôt par l'eau dont on les avait emplis.

m) — Pénétrons dans l'intérieur du mastaba.

L'intérieur d'un mastaba complet se compose de trois parties : la chambre, le *serdab*, le puits.

1° *Chambre*. L'intérieur d'un mastaba peut être divisé en plusieurs chambres; le plus souvent il n'en a qu'une. On y entre par la porte placée au milieu de la façade (fig. 2 et 3).

La chambre de l'intérieur d'un mastaba est quelquefois toute blanche, quelquefois couverte à profusion de sculptures. Nous y reviendrons dans le paragraphe suivant.

Au fond de la chambre, et regardant invariablement l'est, est une stèle. On trouve des chambres où la stèle seule est gravée et où le reste de la chambre est nu; mais on ne trouvera pas une chambre dont les parois aient été gravées et où la stèle soit restée en blanc. On voit par là que la stèle est la partie principale de la chambre.

Au pied de la stèle est souvent une table d'offrande en granit, en albâtre, en calcaire, posée à plat sur le sol.

En général, l'ameublement de la chambre ne comportait aucun autre objet. Quelquefois cependant, de chaque côté de la table d'offrande et par conséquent de la stèle, on trouve, toujours posés sur le sol, soit deux petits obélisques de calcaire, soit deux supports également de calcaire, en forme de pieds d'autels et évidés à leur sommet pour recevoir des offrandes.

La chambre que nous venons de décrire était ouverte à tout venant. Il est remarquable, en effet, que l'entrée a toujours été sans porte. Je ne connais que deux exceptions à cette règle dont j'ai trouvé l'application dans plusieurs centaines de tombeaux.

2° *Serdab*. Non loin de la chambre, plus souvent au sud qu'au nord, et plus souvent au nord qu'à l'ouest, caché et enfoui dans l'épaisseur de la maçonnerie, est un réduit bâti de grosses pierres, haut de plafond, étroit de murailles. Nos ouvriers l'ont nommé *serdab*, un corridor, nom que nous lui avons laissé.

Le serdab est quelquefois sans communication d'aucune sorte avec les autres parties du mastaba : il est muré pour l'éternité. Mais quelquefois aussi une sorte de conduit ou de boyau très-étroit et quadrangulaire part du serdab et vient aboutir à la chambre sous la forme d'un trou oblong, assez petit pour qu'on ne puisse y introduire la main qu'avec peine.

L'usage du serdab nous est révélé par les objets que nous y avons trouvés; on y enfermait une ou plusieurs statues du défunt. Quant au conduit, il servait aux personnes placées dans l'intérieur de la chambre à faire passer jusqu'aux statues (qu'elles ne voyaient pas) la fumée d'un parfum.

Il est sans exemple que des inscriptions aient été trouvées dans l'intérieur d'un serdab, autre part que sur les statues. Il est aussi sans exemple qu'on ait trouvé dans les serdab autre chose que des statues.

En deux ou trois occasions, des serdab nous ont mis entre les mains des statues qui portent un autre nom que celui du défunt auquel la chambre du mastaba est consacrée. Nous enregistrons ce fait sans l'expliquer.

Le musée de Boulaq possède une centaine de statues de l'ancien empire provenant de Saqqarah. Les neuf dixièmes de ces statues ont été recueillies dans les serdab. Les autres étaient placées dans des cours qu'à une certaine époque de la IV° dynastie il a été de mode de construire en avant de la façade du mastaba. La cour étant à l'air libre, on peut s'étonner que les constructeurs des tombeaux aient songé à y déposer des monuments recouverts de fragiles couleurs que les sables seuls qui, plus tard, ont envahi et submergé ces cours, ont conservées jusqu'à nous. Il fallait qu'à cette époque il plût bien moins qu'aujourd'hui, ou plutôt qu'il ne plût jamais.

3° *Puits.* Le puits est une excavation artificielle, de forme carrée ou rectangulaire, jamais ronde, au fond de laquelle on trouve des chambres où sont déposées les momies.

Pour arriver à l'orifice du puits, il faut monter sur la plate-forme du mastaba. Comme le mastaba n'a jamais eu d'escalier intérieur ou extérieur, on voit déjà que le puits devait être une partie inaccessible du tombeau.

La place du puits est en général au milieu du grand axe du mastaba, et plus près du nord que du sud.

La profondeur du puits varie. Elle est en moyenne de douze mètres; elle est quelquefois de vingt ou vingt-cinq. Le puits partant de la plate-forme et aboutissant à des chambres qui sont taillées dans le rocher, on voit que le puits traverse verticalement : 1° le mastaba de part en part, 2° le rocher sur lequel le mastaba pose ses fondations (voyez plus haut, *e*). Dans la partie construite, le puits est bâti de belles et grandes pierres. C'est même là un des caractères auxquels, à part tout autre indice, on reconnaît les puits de l'Ancien-Empire.

Pour descendre dans le puits, il faut être muni de cordes. Arrivé au fond, on est déjà sur le rocher. Un trou béant se montre à la paroi du sud. C'est l'entrée d'un couloir. Ce couloir, où l'on ne marche que courbé, ne suit pas tout à fait l'axe du mastaba. Il se dirige obliquement vers le sud-est, précisément dans la direction de la chambre extérieure (plus haut, *m*). Tout à coup le couloir s'élargit en tous sens; une chambre se présente : c'est la chambre mortuaire proprement dite, celle pour laquelle en définitive le mastaba tout entier a été construit.

Cette chambre mortuaire est dans la verticale de la chambre extérieure (plus haut, *m*). Les survivants qui profitaient de l'accessibilité de la chambre extérieure et s'y réunissaient, avaient ainsi, à une plus ou moins grande distance, selon la profondeur du puits, le défunt sous leurs pieds.

Les chambres mortuaires du mastaba sont grandes, bien taillées. Une seule fois, j'en ai trouvé une dont les parois avaient été utilisées pour des ornements. Au milieu de ces ornements, on distinguait à grand'peine quelques lambeaux de phrases paraissant appartenir au *Rituel*.

En un coin de la chambre est le sarcophage. Le sarcophage est le plus souvent en calcaire fin, rarement en granit rose, plus rarement encore en pierre basaltique d'un noir opaque. La cuve est rectangulaire. Le dos du couvercle est arrondi, avec quatre oreillettes carrées aux angles. Je n'en connais point, à Saqqarah, qui aient des inscriptions.

On ne s'est pas toujours fié à la masse et au poids du couvercle pour fermer solidement le sarcophage. Le dessous du couvercle conserve au milieu une saillie de quatre ou cinq centimètres qui a la forme exacte du creux de la cuve et s'y emboîte. Les bords de la cuve et les bords du couvercle sont en outre rendus plus adhérents par un ciment très-dur. Enfin, comme si ce n'était pas assez de ces précautions, des boulons en bois qui passent à travers le couvercle et vont se perdre dans le bord de la cuve achèvent de sceller l'une à l'autre les deux parties du sarcophage.

Il faudrait réunir plus d'exemples que je n'ai pu en trouver pour décider la question de la momification sous l'Ancien-Empire. Ce qu'il y a de certain, c'est : 1° qu'il n'existe aucun morceau de linge de momie authentique de cette époque ; 2° que cependant les ossements recueillis dans les sarcophages ont la couleur brunâtre des momies et exhalent une vague odeur de bitume. Les sarcophages que nous avons trouvés vierges ne sont pas au nombre de plus de cinq ou de six. Chaque fois, à l'ouverture, nous avons constaté que le mort était à l'état de squelette. Quant au linge, nulle trace qu'un peu de poussière sur le fond du sarcophage, laquelle pouvait provenir de tout autre chose que d'un linceul réduit en poudre.

L'ameublement du caveau d'un mastaba ne comporte ni statues, ni statuettes funéraires, ni amulettes d'aucune sorte, ni canopes. Quelquefois des ossements de bœufs jonchent le sol. Deux ou trois grands vases rouges, pointus, ne contenant qu'une mince couche de limon, sont appuyés contre les parois du caveau. Dans l'intérieur du sarcophage, même sobriété d'objets funéraires. Un chevet en bois ou en albâtre, une demi-douzaine de petits godets également en albâtre, c'est là tout ce qu'on y recueille.

Une fois le corps dans le sarcophage, le sarcophage fermé et les divers objets que nous venons de décrire en place, on murait l'entrée du couloir horizontal au fond du puits, on emplissait le puits lui-même de pierres, de terre, de sable, et le mort reposait ainsi pour l'éternité, à l'abri de toute violation facile.

n) — En résumé, ce qu'on doit distinguer particulièrement dans les mastaba, c'est : 1° une partie construite en maçonnerie de pierres ou de briques qui s'élève plus ou moins au-dessus du sol ; 2° une partie creusée dans le rocher immédiatement au-dessous de la première. A la partie construite appartiennent la *chambre*, lieu toujours ouvert aux survivants ; le *serdab*, lieu de dépôt, à jamais inaccessible, des statues du défunt. A la partie creusée dans le rocher appartient le *puits*, tout aussi inaccessible, où la momie repose loin de la lumière et de tout regard humain. Ce sont là les règles les plus généralement adoptées qui président à l'arrangement des mastaba. N'y eut-il jamais des exceptions ? Quand on saura tout à l'heure le nombre considérable de mastaba dont la nécropole de Saqqarah est couverte, quand on verra que la série de ces monuments funéraires embrassé une période qui s'étend de la Iʳᵉ à la VIᵉ dynastie, on jugera qu'il est impossible qu'une mode, une habitude qui essaye de s'introduire. un caprice, des usages venus d'un autre lieu, n'en ait pu quelquefois faire naître. C'est ainsi que deux ou trois puits nous ont donné des barques en bois, désemparées et pourries ; c'est ainsi que dans une chambre du tombeau d'*Atta* (laquelle tenait vraisemblablement lieu de serdab) nous avons trouvé sur le sol, avec deux bonnes statues du défunt, une autre barque, une planchette percée de six godets encore munis de leurs couleurs, une table de bois chargée de vases en terre cuite et d'oies plumées en calcaire. Mais il faut savoir que ces exceptions sont d'une si grande rareté, que les règles posées plus haut n'en sont point infirmées.

Tels sont donc les mastaba de l'Ancien-Empire.

Je n'ai pas besoin d'ajouter que les mastaba de l'Ancien-Empire que nous avons trouvés à Saqqarah n'ont pas tous des inscriptions. Il y en a à peine un sur quatre qui soit dans ces conditions favorables. Les mastaba sans inscription n'offrant qu'un médiocre intérêt, nous ne les avons que rarement explorés à fond. Au contraire, ceux que des inscriptions signalaient à notre attention ont tous été, sans exception, déblayés, mesurés, dessinés et copiés jusqu'au dernier mot. Des premiers il est impossible de savoir au juste le nombre. Le chiffre des seconds se montait, en septembre de cette année, à cent quarante-deux.

On ne peut se trouver en présence d'un pareil nombre de monuments sans éprouver le besoin de les classer entre eux chronologiquement. Il semble au premier abord que ce soit là un travail bien difficile. Tous les monuments de l'Ancien-Empire paraissent en effet se ressembler. Ils forment un tout compact, uniformément revêtu de ce style *sui generis* qu'on appelle le style de l'Ancien-Empire. Mais bientôt, en y regardant de plus près, des nuances s'établissent. On obtient alors le tableau suivant :

Tombeaux de l'une des trois premières dynasties................... 4
Tombeaux de la IVe dynastie { première moitié de la IVe dyn. 20 } 43
deuxième moitié de la IVe dyn. 23

Tombeaux de la Ve dynastie... 61
Tombeaux de la VIe dynastie...................................... 25
Douteux.. 9

Bien que ces tombeaux embrassent la période entière de l'Ancien-Empire, et que l'Ancien-Empire soit compris entre la Ire et la XIe dynastie, on voit cependant que la série s'arrête à la VIe. Cette lacune n'est que la conséquence d'un fait reconnu depuis longtemps. De la VIe dynastie à la XIe, la série des monuments s'interrompt brusquement, et nous avons là toute une période historique qui n'est représentée que par les extraits de Manéthon.

Quant aux preuves sur lesquelles s'appuie la répartition des cent quarante-deux tombeaux entre les six premières dynasties de l'Ancien-Empire, elles sont de diverses sortes. Nous allons les énumérer.

Tombeaux de l'une des trois premières dynasties. — Les tombeaux de l'une des trois premières dynasties ne diffèrent pas comme ensemble des autres tombeaux de l'Ancien Empire. Mais ils offrent dans les détails quelques traits distinctifs, auxquels on les reconnaît.

1° Ils n'ont qu'une chambre extérieure (plus haut, *m*), bâtie en briques jaunes, bien rarement en calcaire. Le plan de la chambre a la forme d'une croix, comme on le voit ici. L'arche est le couloir d'entrée ; la chambre figure les deux bras ; la stèle donne le chevet. La chambre a des dimensions si petites en largeur qu'on a de la peine à s'y retourner.

2° La stèle est, si j ose le dire, l'exagération des stèles de l'Ancien-Empire. Plus tard, les accidents de cette stèle (qui, dans l'ensemble, est la représentation d'une façade d'édifice du temps) ne sont indiqués que par des reliefs peu saillants et comme adoucis. Ici les creux s'enfoncent dans la pierre à une profondeur extrême, au point que les côtés mêmes des creux ont pu être sculptés et ornés de tableaux.

3° Les hiéroglyphes et les figures sont en reliefs plus vigoureux qu'ils ne le seront jamais. Les figures sont trapues, ébauchées à grands coups plutôt que finies. Les hiéroglyphes sont comme en désordre ; les formes inconnues et inusitées y sont communes ; ils sont lourds, espacés, gauchement ajustés. On n'a pas su les proportionner les uns avec les autres, ni avec les figures qu'elles accompagnent. Bien qu'aucune partie de la chambre ne soit peinte, les personnages ont la paupière inférieure bordée d'une bande verte. En ce qui regarde la langue et l'écriture, on n'en saurait trop rien dire, vu le petit nombre d'exemples dont nous disposons. Cependant certaines formules, qui bientôt seront banales, semblent être inconnues. La phraséologie est plus brève. Il y a un moins fréquent usage du phonétisme. Les charges attribuées au défunt sont souvent propres à cette époque et intraduisibles. Tout, dans l'écriture aussi bien que dans la sculpture, présente quelque chose qui dépayse l'œil. ·

4° Loin d'être orientés, les tombeaux de ce temps dévient d'une douzaine de degrés en moyenne à l'ouest du nord vrai (plus haut, *g*). Mais ce caractère perd de sa valeur si l'on songe, en premier lieu, que ces observations n'ont pu être faites que sur un nombre restreint de monuments ; en second lieu, que ces monuments appartiennent à une même zone de la nécropole et à un ensemble où toutes les tombes ont plus ou moins cette direction. Il a suffi d'une mauvaise orientation donnée à la plus anciennement bâtie, pour que toutes les autres aient dévié dans le même sens.

Tombeaux de la première moitié de la IVe dynastie. — Ils n'ont aussi qu'une chambre extérieure, bâtie en calcaire aussi souvent qu'en briques jaunes. Le plan affecte encore la forme d'une croix ; seulement le chevet est quelquefois donné par une niche quadrangulaire au fond de laquelle est logée une stèle. Du reste, mêmes dimensions restreintes, au point que certaines chambres n'ont pas plus de soixante centimètres de largeur, et qu'on a peine à y entrer. Quant à la stèle, elle est, comme les précédentes, taillée à grands pans. Souvent la maçonnerie même de la chambre en dessine les divers accidents. La chambre n'offre alors aucune légende. Quand le tombeau a des inscriptions et des figures, on y reconnaît, avec des nuances, le style des premiers tombeaux. Figures et inscriptions, tout est encore en relief, avec une certaine rudesse impossible à méconnaître. L'œil cependant est moins dépaysé ; on a affaire à des textes avec lesquels on commence à se sentir plus à l'aise. Les hiéroglyphes ont pris plus d'assiette ; la phrase a plus de souffle ; des formules sont créées. L'orientation est défectueuse comme sous les trois premières dynasties, mais pour les mêmes causes. J'oubliais les statues qu'on trouve dans les serdab : elles sont toujours un peu rudes, bien que déjà, sous cette rudesse, on sente la vigueur particulière aux statues de l'Ancien-Empire ; le cou est très-gros et comme engagé dans le bloc ; la tête porte en avant. Inutile de dire que les légendes inscrites sur les côtés du siége ont tous les signes caractéristiques du temps.

Tombeaux de la seconde moitié de la IVe dynastie. — Ici nous possédons un critérium infaillible. Un de nos mastaba a servi de sépulture à un fonctionnaire de Memphis qui s'appelait *Phtah-asès*. Un récit biographique couvre la stèle dans la chambre principale du tombeau. On y voit que Phtah-asès était enfant sous Mycérinus, jeune homme sous Aseskef, et qu'élevé dans le palais de ces deux rois, il finit par épouser la fille du second d'entre eux. Que ce tombeau ait été construit vers le milieu de la IVe dynastie, c'est donc ce qui est indiscutable. Mais ce qui est tout aussi clair, c'est que nous y trouvons un type excellent pour les tombeaux qui l'entourent ou qui lui ressemblent. Les règles par lesquelles on reconnaît les tombeaux de cette époque peuvent par conséquent être admises avec confiance. A ce moment, les mastaba prennent une grandeur et une étendue qu'ils n'ont point possédées jusqu'alors. Ils sont construits tout en briques noires ou tout en pierres ; quelquefois ils n'ont qu'une chambre qui offre encore dans son plan la forme d'une croix ; mais le chevet a disparu. Quelquefois ils n'ont plus de chambre du tout. Une niche peu profonde et une stèle occupent alors la place où serait la façade de la chambre, et une sorte de cour dont la porte regarde le nord précède et protége la niche. Quand la chambre existe, la paroi de l'ouest est souvent ornée de ces grandes rainures prismatiques à fleurs de lotus affrontées dont l'emploi, à Saqqarah même, remonte aux plus anciennes tombes. L'apport des offrandes, les scènes diverses de la vie privée, se montrent déjà, mais rarement et avec peu de développements. L'orientation devient parfaite. En même temps, un troisième pas est fait en avant dans la langue, dans la sculpture des figures et des hiéroglyphes. Les formules sont définitivement fixées. Les statues, qui sont très-nombreuses dans les serdab, joignent à la vigueur des statues de la première moitié de la IVe dynastie la finesse des statues de la Ve. Le *Cheickh-el-belled*, le *Ra-nefer* qu'on a vus à l'Exposition, sont de ce temps.

Tombeaux de la Ve dynastie. — C'est l'époque fleurie de l'Ancien-Empire. A cette époque les mastaba sont moins grands, mais toujours en pierre. Le plan en croix est abandonné. Une ou plusieurs chambres, auxquelles on arrive par de longs couloirs, compliquent la disposition intérieure du monument. Quelquefois une cour ornée d'un péristyle à piliers carrés ajoute à la grandeur de l'ensemble. Les statues sont fines, moins bonnes cependant que les bas-reliefs sculptés sur les murs, lesquels sont incomparables. Évidemment la belle époque de la statuaire sous l'Ancien-Empire est la seconde moitié de la IVe dynastie; la belle époque des bas-reliefs élégants et fermes, des hiéroglyphes pouvant servir à jamais de modèle, est la Ve. Deux tombes sont d'excellents types pour le classement des autres. Toutes deux sont du règne de Sahn-ra. Un prêtre, nommé *Aukh-en-sekhet*, fut enseveli dans la première. Par une faveur inusitée, dont la stèle énumère les motifs en un style assez embrouillé, c'est le roi lui-même qui fit construire cette tombe à son serviteur. Le second appartient à un fonctionnaire nommé *Per-sen*. Une légende inscrite dans un petit tableau placé après une scène qui représente divers personnages assis par terre, nous apprend que l'apport des dons funéraires, en vertu d'une fondation instituée du temps de Sahn-ra, est faite au nom de la reine *Nefer-hotep-ès*, vraisemblablement l'épouse de ce pharaon.

Tombeaux de la VIe dynastie. — Le passage de la Ve dynastie à la VIe se fait par une série de tombeaux dont le type est celui d'un certain *Sabu*, dit *Abba*. Une belle stèle de calcaire, peinte en brun pour imiter le granit, est au fond de la chambre. Sabu fut grand chef de l'œuvre d'*Unas* (dernier roi de la Ve dynastie), «estimé du roi plus qu'aucun autre serviteur. » — «De même il fut grand chef de l'œuvre du fils du soleil, *Teta* (premier roi de la dynastie suivante), vivant éternellement. » Ce dernier roi l'a comblé de ses bienfaits, parce que, lui aussi, « il l'aimait plus qu'aucun autre serviteur. » Le grand art de la Ve dynastie, qui, un ou deux règnes auparavant, est encore dans tout son éclat, n'a certainement pas encore pâli au point de s'obscurcir complétement ; les contemporains de Sabu laissent cependant pressentir une prochaine décadence. Les figures sont toujours sculptées avec le relief léger qui est la marque de l'époque; mais les hiéroglyphes sont plus souvent gravés. En même temps les formules s'allongent; la phrase est plus coulante. Quelques tombeaux sont postérieurs à celui auquel nous venons d'emprunter ces renseignements. De plus en plus nous sommes loin des belles traditions de l'époque de Sahn-ra et des Aseskef. Les mastaba perdent pour jamais leurs proportions magistrales. Les briques jaunâtres mêlées de cailloux reparaissent. Les chambres sont, non plus bâties en pierres, mais revêtues de dalles minces sculptées.

Nous connaissons les tombes de l'Ancien-Empire qu'on trouve à Saqqarah, leur disposition, leur arrangement matériel. Il s'agit maintenant d'en pénétrer l'esprit en interrogeant les inscriptions dans la seule partie du tombeau où on les trouve, je veux dire dans la chambre extérieure.

II

Quand on entre dans la chambre extérieure d'un tombeau de l'Ancien-Empire, ce qui frappe avant tout, c'est le nombre considérable de tableaux animés qui couvrent les murs, tableaux parfois amusants, toujours égayés par les plus vives couleurs ; c'est, au milieu de toutes les scènes qui font le sujet de ces tableaux, l'absence absolue de toute représentation de divinités et de tout emblème religieux (1). Cette dernière règle ne souffre pas d'exception.

Parmi les inscriptions, également très-nombreuses, une seule revêt une forme religieuse ; c'est l'inscription principale.

L'inscription principale, celle qui résume et annonce le tombeau en lui servant pour ainsi dire d'enseigne, est gravée au-dessus de la porte d'entrée en grands hiéroglyphes profonds qui, de loin, attirent et fixent le regard. Elle est aussi gravée aux endroits les plus apparents de la stèle qu'on trouve à l'intérieur, laquelle est elle-même, comme on le sait déjà, le monument principal du tombeau. La voici dans son type le plus habituel : « Proscynème fait « à Anubis, celui qui est à la porte divine. Qu'une sépulture lui « (soit donnée) dans l'Amenti, la contrée de l'ouest, l'ancienne, la « bonne et la grande, (à lui qui) est dévoué au grand dieu. Qu'il « suive les chemins suivis, (lui qui) est dévoué au grand dieu. Que « les offrandes funéraires lui soient faites au commencement de « l'année, à la fête de Thoth, au premier jour de l'an, à la fête de « la navigation, à la grande panégyrie, à la fête de la chaleur, à « l'apparition du dieu Khem, à la fête de l'holocauste, aux fêtes des « mois et des demi-mois, et tous les jours » (pl. III *a*.). En d'autres termes, une invocation est faite à Anubis, laquelle porte successivement sur ces trois points : 1° le dieu est prié d'accorder au personnage nommé une bonne sépulture dans la nécropole, quelques textes ajoutent « après une vieillesse heureuse et longue ; » 2° le dieu est prié de favoriser la route du défunt dans les régions d'outre-tombe ; 3° le dieu est prié d'assurer l'apport dans le tombeau de ce que le texte appelle « les dons funéraires. »

(1) Il ne s'agit pas, bien entendu, des noms des divinités ou des symboles employés dans l'écriture courante.

Si l'inscription rédigée en ces termes est bien l'annonce du tombeau, il est naturel de penser que les tableaux de l'intérieur doivent se rapporter à l'une ou à l'autre des trois parties de cette annonce. En effet, tous les tableaux, quelque nombreux qu'ils soient, appartiennent par leur sujet, soit au personnage encore vivant pour lequel la tombe a été exécutée, soit au défunt à son passage de ce monde dans l'autre, soit aux dons funéraires quand le tombeau a définitivement reçu sa destination dernière. C'est ce que nous allons expliquer.

Tableaux relatifs au personnage encore vivant. Ce serait en quelque sorte la partie biographique du tombeau, et on la retrouve, non-seulement dans les tombeaux de l'Ancien-Empire, mais à toutes les époques. Évidemment, quand certains tableaux nous montrent tel personnage revenant d'une expédition guerrière et amenant avec lui les produits de cette expédition, il ne peut s'agir d'épisodes qui se passeraient dans l'autre vie du personnage, si semblable à celle-ci que les Égyptiens l'aient supposée. Dans les tableaux de l'Ancien-Empire, l'intention biographique, si manifeste qu'elle soit en certaines occasions, revêt presque toujours un caractère plus général. Le personnage est représenté se livrant aux plaisirs des riches. Il chasse, il pêche dans les marais ; on exécute de grandes joutes sur l'eau ; les femmes du harem chantent et dansent devant lui ; des musiciens jouent de leurs instruments. Ou bien le personnage fait montre de sa fortune en se représentant lui-même entouré des ~~dieux~~ et présidant aux travaux d'un vaste intérieur ; on met des barques sur le chantier ; de nombreux ateliers de menuisiers fabriquent des meubles ; on bâtit des maisons, etc.

J'ajouterai que cette manière de voir est confirmée par ce fait très-certain que les Égyptiens avaient l'habitude de commencer de leur vivant et de faire exécuter sous leurs yeux le tombeau où ils voulaient reposer plus tard. On expliquera par là seulement qu'on trouve à Saqqarah un nombre si considérable de tombeaux inachevés, même parmi les plus riches et les plus soignés. C'est aussi dans ce sens seulement qu'on comprendra les inscriptions où le personnage demande à entrer dans sa tombe, soit après une vieillesse heureuse et longue, soit après une vie qui se prolongera jusqu'à cent dix ans. Parmi les tombeaux de l'Ancien-Empire dont nous nous occupons, il en est un destiné à un fonctionnaire nommé *Ape-em-ankh*. La chambre principale est au nom de ce personnage. Mais dans le couloir sont deux stèles où Ape-em-ankh annonce que c'est lui qui a donné place dans son propre tombeau à sa femme et à son fils mort jeune. Comment expliquer ce fait si, du vivant d'Ape-em-ankh, son tombeau n'était pas déjà en voie d'exécution? Un dernier trait, que nous invoquons malgré l'autorité très-moderne qui nous la fournit, se trouve dans Suétone. Antoine et Cléopâtre se conformaient sans aucun doute à l'habitude égyptienne quand, selon cet historien, ils commençaient de leur vivant la tombe qu'Auguste ordonna d'achever. (Suet. *Aug.* 17.)

La première partie de l'inscription a donc sa suite et son explication dans les tableaux correspondants de l'intérieur. Le personnage est encore vivant. Selon l'usage, il se bâtit à lui-même son tombeau qu'il met sous la protection d'Anubis.

Tableaux relatifs à la mort du défunt. La seconde partie de l'inscription, celle qui se rapporte au vœu exprimé pour qu'Anubis favorise l'accès du défunt dans les régions célestes, est illustrée dans l'intérieur de la chambre par un petit nombre de tableaux, et il ne pouvait en être autrement du moment où, de parti pris, les tombeaux de cette époque s'interdisent toute représentation de divinités ou d'emblèmes religieux. Sur un cours d'eau que les légendes nomment le *bassin de l'ouest*, flottent de grandes barques. Les unes naviguent à la voile ou à la rame; elles ont à bord un équipage nombreux. Les autres portent à leur centre un édicule fermé. Le défunt, dit l'inscription gravée au-dessus, « traverse, pour se diriger vers l'Amenti, « l'ancienne, la bonne et la grande. » C'est la scène du transport de la momie qui est évidemment figurée. Mais le défunt ne quitte pas pour cela le rôle que nous l'avons vu prendre dans les tableaux où il est vivant. C'est debout et le bâton de commandement à la main qu'il se tient au milieu de la barque par laquelle il est porté au tombeau. De même nous le verrons bientôt assistant, tout aussi vivant, aux cérémonies célébrées en son honneur après sa mort et dont il prend sa part comme acteur.

Tableaux relatifs aux dons funéraires. Le troisième paragraphe de l'inscription est celui par lequel le personnage auquel appartient le tombeau demande à Anubis d'assurer l'apport des objets qui, à certaines époques de l'année, doivent être déposés en nature dans la chambre. Ces scènes sont de beaucoup les plus nombreuses. Le tombeau est-il parmi les plus simples, ses murs peu développés n'admettent-ils que des scènes restreintes, avant tout les dons funéraires y sont figurés; mais ils se présentent sous des formes diverses qu'il faut connaître.

a) Le défunt est assis ou debout, de proportions colossales par rapport aux autres parties du tableau. Une table ronde à un pied est devant lui. Au pourtour de la table sont fichés des bâtons coupés dans des branches de dattier et serrés les uns contre les autres à la manière des *cafass* modernes. Il en résulte que le dessus de la table est un récipient dans lequel les dons funéraires, fruits, légumes, volailles et têtes de quadrupèdes, sont censés déposés. Le plus souvent ces objets s'entassent en groupes plus ou moins artistiquement arrangés au-dessus de la table; quelquefois on en voit jusque sur le sol. Aucune légende explicative n'accompagne d'ordinaire ce tableau, ou plutôt le cas le plus fréquent est celui où l'on profite de cette composition primitive pour donner tout au long les charges et le nom du défunt, inscrits en grands hiéroglyphes au-dessus de sa tête.

b) Une autre série de tableaux nous montre encore le défunt assis ou debout devant la table; mais cette fois des serviteurs se présentent, portant des offrandes sur leur tête et dans leurs mains, ou conduisant en laisse les animaux destinés à être abattus. Ces groupes, souvent pittoresques, sont accompagnés d'une légende qui sert d'étiquette au tableau et en donne le sens. Nous réunissons les variantes qu'il importe de connaître (pl. III, *b*). L'étude de ces variantes fournit les résultats suivants :

1° Le tombeau est appelé 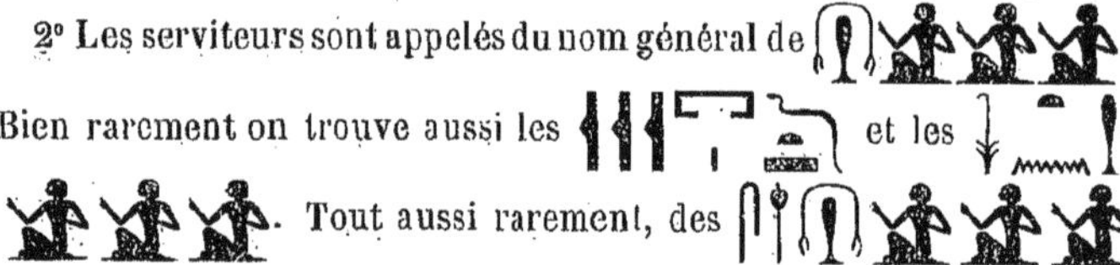, *la demeure éternelle* (1), ce qui remet en mémoire immédiatement ce passage de Diodore : « ....Cela tient à la croyance des habitants, qui regardent la vie ac- « tuelle comme fort peu de chose, mais qui estiment infiniment les « vertus dont le souvenir se perpétue après la mort. Ils appellent « leurs habitations hôtelleries, vu le peu de temps qu'on y séjourne; « tandis qu'ils nomment les tombeaux demeures éternelles. » (I, 51.)

2° Les serviteurs sont appelés du nom général de

Bien rarement on trouve aussi les   et les   . Tout aussi rarement, des   sont, comme les supérieurs, nommés les premiers. Ces noms désignent le personnel chargé de satisfaire matériellement à la prescription énoncée dans l'invocation et d'accomplir à l'intérieur de la chambre la cérémonie de l'apport des dons funéraires.

c) Un corollaire presque inévitable de la scène des serviteurs dé-

(1) On trouve aussi   (cf. *Denkm.*, II 72₁).

posant aux pieds du défunt les produits annoncés dans l'invocation à Anubis, est l'abattage des animaux dont les membres doivent être ajoutés aux dons funéraires. A en juger par les tableaux figurés de ces dons, les oiseaux en font partie aussi bien que certains quadrupèdes. L'abattage du quadrupède est cependant seul figuré, et parmi ces derniers on ne distingue que le bœuf et les deux sexes de l'antilope, du bouquetin et de la gazelle. Bien que les exemples abondent, je n'ai trouvé aucun tombeau où les détails de cette cérémonie aient été disposés dans leur ordre successif. L'animal est lié par les cornes et par les jambes, et couché par terre, souvent après une lutte que les artistes ont quelquefois rendue avec naïveté. Un opérateur, suivi de deux ou trois aides, se présente ; l'animal est immolé. Un enfant est accroupi près du cou, tenant un vase où vraisemblablement il recueille le sang. L'opérateur principal sépare les jambes de devant, qu'un aide soutient. Un deuxième aide passe le fil du couteau sur une pierre à aiguiser suspendue à sa ceinture par une courroie. Plus loin, les jambes de derrière sont coupées; l'animal est dépecé; les quatre membres ont disparu; les côtes sont apparentes; le ventre est ouvert, et l'opérateur principal y plonge le bras en retournant la tête en l'air comme s'il prononçait des paroles; il en retire le foie. Survient alors un nouveau défilé de porteurs d'offrandes, avec les légendes que nous reproduisons sur la planche IV (c). Celui-ci porte une cuisse, celui-là un quartier de côtes, d'autres des parties de l'animal qu'il est difficile de distinguer. Aucun texte religieux n'accompagne ces représentations. Le plus souvent, de courtes légendes sont placées au-dessus des personnages en action. Mais ce ne sont que des dialogues entre eux. — *Tiens bon ! saisis fortement,* s'écrie l'opérateur principal en s'adressant à un aide. *Sois prêt ! coupe vivement,* réplique l'aide. *Que la coupe soit bien faite ! Regarde ce sang, il est pur,* etc.

d) Le tombeau n'était pas seulement pourvu de son personnel. Certaines terres étaient spécialement affectées au service des offrandes. On les appelle [hiéroglyphes], quelquefois [hiéroglyphes] ou [hiéroglyphes]. Elles sont distinguées en *domaines du Sud* et *domaines du Nord.* Dans la phrase : [hiéroglyphes] il faut traduire : *ses domaines, appartenant au tombeau, qui sont au Nord et au Sud* (voy. pl. III et IV, *b, c, f, g.*)

Dans les tombeaux les plus soignés, les terres étaient représentées d'une manière symbolique par des femmes (beaucoup plus souvent que par des hommes) qui défilent processionnellement, apportant les produits. Chacune de ces terres avait son nom propre. Je sais que l'opinion admise est que les femmes représentent plutôt les propriétés du défunt et que l'expression *demeure perpétuelle* désigne des apanages « attribués à perpétuité par un don royal (1). » Dans cette supposition, le défilé des figures symbolisant les propriétés n'est plus qu'un tableau en quelque sorte vivant de la richesse du défunt. Mais si telle était l'interprétation réelle de ce tableau, on ne comprendrait pas que, dans un certain nombre de tableaux, les noms propres des propriétés fussent tous formés précisément avec des noms de substances figurant parmi les dons funéraires (voy. pl. III et IV, *d*, *e*.) Ce serait trop dire qu'il y avait un domaine spécialement pour l'encens, un autre pour l'huile, un troisième pour le vin, et ainsi de suite. Mais en faisant entrer ces noms dans les noms des terres, on indiquait suffisamment que ces terres faisaient partie en général d'une fondation destinée à assurer l'apport des objets en question dans le tombeau. De même qu'ils avaient leur personnel, les tombeaux avaient donc leurs revenus, comme les temples.

e) La liste de ces revenus était souvent présentée dans des tableaux quadrillés qu'on plaçait au-dessus des tables sur lesquelles les offrandes étaient censées déposées (plus haut, *d*). Un chiffre écrit en regard de chaque objet indiquait la quantité des offrandes consentie dans la dotation. On sait que les temples offrent à chaque pas des tableaux analogues, où sont énumérés synoptiquement les fondations faites par quelque roi au retour d'une campagne victorieuse. Dans les tombeaux, les dons funéraires sont présentés selon un certain ordre qui a un peu varié avec les époques. Les listes les plus anciennes comprennent l'eau, l'encens, les sept huiles, les deux collyres, le linge. Plus tard une nouvelle série, bien plus longue que la première, a été ajoutée. Elle débute par le vase pour l'eau, le vase pour l'encens, l'autel, deux sortes de tables, la chaise, et elle se termine par l'énumération de tous les dons proprement dits, où l'on trouve les parties d'animaux, les oiseaux, les cinq espèces de vin, les deux espèces de bière, les fruits, les légumes, etc.

f) On peut difficilement se figurer que le service intérieur des tombeaux, annoncé dans l'invocation à Anubis sous le titre collectif d'apport des dons funéraires, n'ait pas compris quelque cérémonie religieuse célébrée spécialement. Sur les plus anciens tombeaux,

____

(1) De Rougé, *Les six premières dynasties*, p. 35.

se retrouve la trace de cette sorte de service religieux. Des porteurs d'offrandes sont devant le défunt, tenant le rouleau de papyrus, versant l'eau sacrée, déployant les bandelettes. Deux tombeaux seulement nous ont fourni le tableau d'une cérémonie plus complète. Cette fois (nous expliquerons par là l'extrême rareté de cette représentation), les personnages en scène ne sont pas des serviteurs compris dans le personnel des domaines ; ce sont des prêtres parcourant la nécropole et pouvant officier de tombeau en tombeau. Un personnage sans nom et sans qualification est agenouillé sur un escabeau ; un autre épanche l'eau d'un vase par-dessus sa tête; un troisième entrouvre les cassolettes de l'encens. Derrière lui est un *heb* debout dans le costume de cérémonie, l'écharpe blanche en sautoir, le rouleau de papyrus dans la main droite, le bras gauche étendu. Un autre personnage sans insignes, tenant les deux bandelettes, vient après le *heb*. De nouvelles cassolettes à parfums sont portées par un sixième personnage, suivi lui-même d'un second *heb*, dans la posture du premier. La scène est complétée par une procession des fils du défunt et des porteurs d'offrandes. M. Brugsch a donc raison, et le groupe que nous avons vu occuper la place principale dans l'inscription qui sert d'annonce et d'enseigne au tombeau signifie bien : « office divin qu'on célèbre en l'honneur et en mémoire des défunts, « y compris les offrandes qu'on leur offre. » (*Dict.*, p. 488.)

g) De la chambre extérieure du mastaba nous nous transportons maintenant dans les domaines affectés à la fourniture des dons funéraires. Des tableaux souvent répétés sont destinés à nous montrer le défunt inspectant ces domaines. Selon l'usage, il est représenté debout, tenant le bâton de commandement à la main. Les serviteurs des domaines défilent, conduisant tous les animaux que l'on y entretient et qui sont destinés à fournir leur part des dons funéraires (voy. pl. IV, *f.*) : ce sont des bœufs, des antilopes, des bouquetins, des gazelles, des oies, des canards, des tourterelles, des demoiselles de Numidie, une fois des cygnes. Ici la fantaisie s'est un peu donné carrière dans les nombres inscrits au-dessus de chacun des groupes de ces animaux. Sabu possédait-il réellement dans les propriétés qui étaient l'apanage de son tombeau, 1237 bœufs d'une espèce, 11360 d'une autre, 1220 d'une troisième espèce, 1138 d'une quatrième, sans parler de 405 autres bœufs comptés à part (en tout 15360 bœufs)? Phtah-hotep avait-il 121200 demoiselles de Numidie, 111200 canards, 1225 cygnes? Il est permis d'en douter.

h) Les voyageurs qui ont visité les tombeaux de Saqqarah ont certainement conservé le souvenir des tableaux très-animés, trèspittoresques, sculptés sur les murs de la plupart des chambres. Il s'agit des scènes d'agriculture. (Voy. pl. III, *g*.) On laboure la terre, on sème le blé, on le récolte, on l'entasse en meules, on l'emmagasine. De curieux petits épisodes nous montrent des troupeaux passant un gué, des veaux jouant dans les herbes, des vaches qu'on trait, des ânes qu'on mène boire. Le défunt est présent, comme toujours. Cette fois il surveille la partie des dons funéraires que le sol du domaine doit fournir.

i) Autre tableau qui se relie aux précédents. Nous sommes dans les marais. Des serviteurs en grand nombre sont occupés à la chasse des oiseaux aquatiques. Les uns traînent dans l'eau un énorme filet qui se referme et se reploie au moyen de longues cordes, et tient prisonniers les oiseaux qui s'y sont engagés. Les autres font entrer les oiseaux déjà pris dans des cages qu'ils emportent. Ici encore ce sont les employés du domaine qui travaillent à assurer l'approvisionnement des dons funéraires.

A la troisième partie de l'invocation à Anubis correspondent, comme on le voit, des tableaux aussi nombreux qu'intéressants. Nous pourrions facilement en augmenter la liste. La récolte du raisin, la fabrication du vin, des vases, des meubles destinés au service intérieur du tombeau, entreraient dans ce cadre, avec beaucoup d'autres. Pour rester conséquents à leur principe, tous les tableaux de cette troisième série sont relatifs aux dons funéraires, soit qu'on les apporte dans le tombeau tout préparés, soit qu'on pourvoie sur place à leur préparation.

Tels sont les tombeaux de l'Ancien-Empire dont les ruines couvrent le plateau de Saqqarah. On y trouve, en somme, un puits et une chambre, qui a pour annexe le serdab. Bien que les exemples fassent un peu défaut, on peut affirmer que dans le puits règnent le *Rituel* et le cycle compliqué de ses dieux (cf. *Denkm.*, II, 98, 99). Là, tout est muré, tout est caché, tout est inaccessible à la main et au regard. La chambre, au contraire, est ouverte à tout venant. De l'inscription qui en occupe les parties principales rayonnent, en trois faisceaux, tous les tableaux, sans exception, qui sont gravés à l'intérieur. Dans ces tableaux, le défunt s'est-il représenté parcourant les chemins célestes et désormais perdu pour notre monde? Aucunement : le défunt n'a encore fait qu'un pas au-delà de la mort ; il n'a pas encore pénétré dans le monde des dieux invisibles. Bien que mort, on peut presque le regarder comme vivant ; il ne s'est point séparé des siens ; il est au milieu d'eux ; il inspecte ses domaines. Au fond du caveau où se cache le cercueil, le *Rituel* l'a saisi ; il lui échappe encore dans la chambre ouverte. Un dernier trait achèvera de nous révéler la physionomie générale des tableaux qui couvrent les parois de cette chambre. Là, jusque dans l'ensemble des parties que nous avons appelées biographiques, toutes les peintures sont tirées d'un même fond, et, quelle qu'ait été la profession du défunt, que nous ayons à voir en lui un soldat, un prêtre, un agriculteur, un fonctionnaire ou un artisan, la décoration représente les mêmes sujets, les mêmes scènes accompagnées des mêmes paroles. Entrons dans cinquante tombeaux, et cinquante fois nous verrons cette décoration se copier elle-même, sans autre changement que l'adaptation des noms propres aux personnages représentés. Évidemment nous avons là sous les yeux comme un chapitre antérieur du *Rituel*, ou plutôt, ce que les murs de la chambre ouverte nous montrent, ce sont les pages éparses de quelque livre inconnu, livre amusant, presque gai, qui prend le défunt pendant la vie, l'accompagne à son premier pas dans la mort, et où l'on ne préjuge rien encore du sort de l'âme ; livre réservé, sous l'Ancien-Empire, aux chambres extérieures des mastaba, comme le *Rituel* est réservé aux puits.

Saqqarah, octobre 1868.

Paris. — Imp. PILLET fils aîné, rue des Grands-Augustins 5.

www.ingramcontent.com/pod-product-compliance
Ingram Content Group UK Ltd.
Pitfield, Milton Keynes, MK11 3LW, UK
UKHW020909140726
13695UKWH00006B/2421